LA FRANCE

MORALE & RELIGIEUSE

SOUS LA RÉPUBLIQUE

LA FRANCE

MORALE & RELIGIEUSE

SOUS LA RÉPUBLIQUE

La France a subi depuis vingt ans une énorme dépression, surtout dans sa moralité ; dans cette fin de siècle, les transformations de la société se sont accomplies avec une effroyable rapidité. Ce qui était jadis l'affaire d'un siècle est aujourd'hui l'affaire de quelques années. Il y avait déjà un abîme entre l'état de conscience, les conceptions morales, les idées des hommes de 1871 et la manière de voir de ceux de 1880 ; les hommes d'aujourd'hui semblent d'un autre âge que les hommes de 1871. Oui, ceux qui avant 1870 sortaient à peine de l'adolescence, ne peuvent se douter du changement qui s'est opéré dans le caractère et les mœurs de la nation depuis les malheurs de la guerre et l'établissement de la République.

Il faut reconnaître que l'Empire avait déjà exercé une fâcheuse influence sur le caractère national ; grâce à une longue prospérité et voulant détourner les esprits des affaires publiques, il les avait entraînés aux plaisirs et même à la débauche, sachant que dans ces conditions il soumettrait facilement le peuple à toutes ses volontés. Sous l'Empire, il y avait déjà un commencement de corruption, mais le mal était réparable, la nation n'était que gâtée, maintenant elle est en pleine pourriture.

Ce sont pourtant les républicains qui protestaient le plus, avec une feinte indignation, contre des abus et un relâchement très réels et que, maîtres du pouvoir, ils devaient tellement dépasser ! Je me garderai bien de faire, ou plutôt de refaire, le tableau des horreurs et des infamies qui ont été commises depuis vingt ans, on en est saturé. Alors pourquoi redire ce que tout le monde sait ? On a hurlé sur tous les toits : « A bas les voleurs ! » On a étalé toutes les hontes, raconté longuement toutes les infamies, et, somme toute, la grande masse du pays a trouvé que c'était bien. La bourgeoisie maçonnique et républicaine s'est mise très nettement du côté des gouvernants.

Je vais essayer de décrire l'état d'âme du peuple si étonnemment et si promptement transformé, chez les uns, en une indifférence devenue invincible, chez les autres en une scélératesse et une persévérance vraiment sataniques.

Voyons donc ce que les républicains ont fait de l'âme française en si peu d'années.

« Aller lentement pour aller sûrement, » la cause du mal est dans ces mots. Successivement et peu à peu les républicains, pour s'emparer de la France et la tyranniser, ont espacé leurs méfaits et en quelque sorte divisé par tranches, pour habituer leurs victimes à les supporter. L'idée était excellente, les résultats ne l'ont que trop prouvé. On a donc procédé par étapes successives, surtout pour démanteler l'Eglise de France pierre par pierre et déchristianiser le pays méthodiquement et pour ainsi dire à son insu, et parvenir à étouffer insensiblement les révoltes de la conscience publique sous l'influence de l'habitude.

C'était bien connaître la nature humaine de procéder ainsi, car des secousses violentes eussent infailliblement provoqué des résistances et même des soulèvements auxquels il eût fallu céder. L'habitude est une seconde nature, rien n'est plus vrai ; et ce qui cause plus que tout l'assoupissement dans un Etat, c'est la durée du mal.

Dans un pays où en moins d'un siècle il y

a eu huit changements de régime politique et vingt-quatre coups d'Etat ou insurrections, *presque toutes sanglantes*, il n'est pas étonnant que la plupart des citoyens se montrent indifférents à la forme de gouvernement; or, ici, on ne parle pas de formes, mais des abus monstrueux et des gredineries de la république qui sont supportées et même approuvées par lâcheté ou participation intéressée à ces méfaits; voilà ce qui prouve l'abaissement de caractère et de moralité de notre nation. Et ce spectacle est surtout douloureux parmi les catholiques pratiquants, qui subissent toutes les vexations et toutes les tyrannies avec une écœurante soumission et votent pour des juifs et des francs-maçons !

Malheureux ! que deviendront-ils si les républicains réussissent à déchristianiser la France ?

On se souvient que dès les premiers jours de l'établissement de la République, Gambetta a dit ces paroles : « Le christianisme, voilà l'ennemi ! » Elles indiquaient clairement l'hostilité qui allait s'exercer contre les catholiques; en voici d'autres qui ont été dites par trois de leurs plus féroces ennemis.

« Il faut que la République tue le christia-
« nisme. » (Madier de Montjau.)

« Les catholiques n'ont droit qu'à l'oppres-
« sion. » (Paul Bert.)

« Nous ne voulons pas faire une loi neutre,
« et je n'éprouve aucun embarras à déclarer
« que nous faisons une loi *athée.* » (Paroles
de Jules Ferry sur la loi scolaire.)

« Trois chancres rongent la France : l'ar-
« mée, la magistrature et le clergé. » Ces paroles ont été prononcées par le même à l'Hôtel
de Ville de Senones un peu après la guerre.

La France est aujourd'hui gouvernée par
les amis des hommes qui ont émis ces principes de gouvernement !

A ces paroles j'oppose les suivantes, elles
émanent d'autres hommes que les affreux
sectaires Ferry, Bert et Madier de Montjau.

« Il y a trois auxiliaires dont la morale ne
« peut se passer : le maître, le prêtre et la
« mère. La neutralité du maître est la néga-
« tion de la morale; l'impuissance du prêtre
« est l'expulsion de la religion... Il faut re-
« venir à Dieu. » (Jules Simon.)

« Si j'avais dans mes mains le bienfait de
« la foi, je les ouvrirais sur mon pays. Pour
« ma part, j'aime cent fois mieux une nation
« croyante qu'une nation incrédule. Une na-
« tion croyante est mieux inspirée quand il
« s'agit des œuvres de l'esprit, plus héroïque
« même quand il s'agit de défendre sa gran-
« deur. » (Thiers, discours prononcé à la
Chambre des députés en 1845, plaidant la
cause de la Papauté menacée.)

« Y a-t-on bien pensé? Se figure-t-on ce
« que deviendrait l'homme, les hommes,
« l'âme humaine et les sociétés humaines, si
« la religion y était effectivement abolie, si
« la foi religieuse en disparaissait réelle-
« ment? Je ne veux pas me répandre en
« complaintes morales et en pressentiments
« sinistres; mais je n'hésite pas à affirmer
« qu'il n'y a point d'imagination qui puisse
« se représenter avec une vérité suffisante ce
« qui arriverait en nous et autour de nous si
« la place qu'y tiennent les croyances chré-
« tiennes se trouvait tout à coup vide et leur
« empire anéanti. Personne ne saurait dire à
« quel degré d'abaissement et de dérègle-
« ment tomberait l'humanité. C'est pourtant
« là ce qui serait si toute foi au surnaturel
« s'éteignait dans les âmes, si les hommes
« n'avaient plus, dans l'ordre surnaturel, ni
« confiance ni espérance. » (Guizot, *Médita-
tions sur l'essence de la religion chrétienne.*)

« Il n'y a de bon citoyen que l'honnête
« homme; si donc un homme outrage les au-
« tels et puis vient crier : Patrie! patrie! ne
« le croyez pas, c'est un hypocrite, un mau-
« vais citoyen. » (Sylvio Pellico.)

Les lignes suivantes sont extraites de la
péroraison du discours d'adieu du général
Washington à ses concitoyens :

« La religion et la morale sont les bases

« indispensables de toutes les dispositions et
« de toutes les habitudes qui conduisent à la
« prospérité publique. Celui qui cherche à
« renverser ces grandes colonnes du bonheur
« humain, ces étais les plus solides de la des-
« tinée des hommes et des citoyens, récla-
« merait en vain le titre de patriote. Un vo-
« lume ne suffirait pas pour énumérer tous
« les rapports qu'elles ont avec le bonheur
« public et privé. Et n'admettons qu'avec
« précaution que la morale peut exister sans
« la religion. La raison et l'expérience nous
« défendent d'espérer qu'il puisse y avoir une
« morale nationale si l'on en exclut le prin-
« cipe religieux. » (Washington, fondateur
et premier président de la république des
États-Unis.)

« Les enseignements du christianisme pro-
« duisent le plus pur patriotisme. » (Cleve-
land, président actuel de la même république.)

« Il faut que nous fassions un aveu : nous
« ne sommes pas encore parvenu à com-
« prendre comment, avec la masse de li-
« berté dont la France a accepté le fardeau,
« elle pourra marcher avec sécurité à travers
« les précipices de sa route, tant qu'une re-
« ligion n'aura pas saisi profondément les
« âmes des citoyens ; et nous ne concevons
« pour un peuple sans foi, aucun repos, au-
« cun point d'arrêt que le despotisme. Pen-

« sey-y bien : tant de liberté et point de
« croyances ! La conscience du droit séparée
« de celle du devoir ! De l'intérêt beaucoup,
« des affections si peu ! Quelles combinai-
« sons ! Quelles chances ! Quel avenir ! Et
« qu'on n'essaye pas, pour se rassurer, de
« citer des exemples analogues : il n'y en a
« que d'effrayants. La liberté sans la foi a
« fait crouler les nations ; et s'il y a aujour--
« d'hui des peuples libres qui supportent
« leur liberté, qui en jouissent, qui y re-
« trempent incessamment leur vigueur, et
« qui n'ont rien à en redouter, ce sont les
« peuples qui croient. Tout nous persuade
« que la liberté française est précaire, qu'elle
« est menacée par elle-même, qu'elle ne
« saurait ni se consolider, ni se régler tant
« qu'elle ne pourra pas opposer aux tentati-
« ves des ambitieux de toute espèce, à qui
« la carrière est si largement ouverte par
« l'état des choses et des esprits, la cohésion
« d'un peuple éclairé, vraiment civilisé, uni
« dans une communauté de convictions mo-
« rales. » (Extrait de *l'Education, la Famille
et la Société*, par A. Vinet.)

Conclusion.

La religion contient la seule force sur la-
quelle une société libre peut s'appuyer pour

vivre, et l'esprit religieux d'un peuple doit croître en raison même du degré de liberté de ce peuple : la liberté augmentant bien plus la somme des devoirs que celle des droits.

« Croire que le christianisme ne fait que
« des chrétiens, c'est se tromper étrange-
« ment : il fait en même temps et par sur-
« croît des citoyens ; il fait ce tempérament
« national, cette sorte de trésor public dans
« lequel se puisent à pleines mains l'autorité
« sans despotisme, l'indépendance sans ré-
« volte. » Rien n'est plus vrai : détruire ou diminuer le sentiment religieux d'un peuple, c'est appauvrir son sang et tarir en lui les vraies sources de la vie. En dehors de la religion, songer à donner la liberté et surtout à maintenir la république, c'est démence ! Plus on s'affranchit du côté de la terre, plus il faut se lier du côté du ciel. Quand l'ordre moral baisse dans le for intérieur, la tyrannie s'élève dans l'Etat.

C'est ainsi que la religion est à la fois la règle des individus et la force des sociétés ; elle enseigne à aimer Dieu et l'homme, que la philosophie apprend seulement à connaître.

Notre république ne nous a donné et ne peut nous donner que la fraternité de Caïn.

*
* *

Notre temps a surtout la haine de la vérité et de la sincérité. Nous demandons à nos semblables de nous gêner le moins possible et par conséquent d'être le moins sincères possible, de n'avoir une opinion contraire à la nôtre que sur des sujets indifférents. Nous craignons que la pensée d'autrui ne se révèle au grand jour, de peur qu'elle nous soit une honte et une injure, et de son côté l'individu dissimule sa pensée, sachant bien qu'elle ne lui rapporterait qu'infortunes. Celui qui oserait dire franchement sa pensée à tous ceux qu'il rencontre passerait pour un diffamateur universel. Et combien à notre époque ont tenu en piètre et dédaigneuse estime la vertu, l'honneur et tout ce qui a couleur de beaux et bons sentiments, il suffit qu'on en parle avec sérieux et loyauté pour que la galerie se fâche ou simplement plaisante ! Oui, on s'expose à devenir ridicule pour avoir conservé, inébranlables et entières, ses opinions et ses croyances ! Ne pas céder au courant est aujourd'hui un crime aux yeux de ces fourbes qui parlent toujours de patriotisme et qui n'ont que l'amour des places et des honneurs ! Ils vivent sur les mensonges qu'ils ont fait accepter par un peuple stupide qui s'obstine dans son lâche abandon.

Au XVIe siècle, si troublé par les dissensions civiles et religieuses, on avait déjà vu cet abaissement moral produire, comme aujourd'hui, la haine de la vérité. Voici ce qu'a dit Montaigne :

« Le premier trait de la corruption des
« mœurs, c'est le bannissement de la vérité :
« car, comme disait Pindare, l'estre véritable
« est le commencement d'une grande vertu,
« et le premier article que Platon demande
« au gouverneur de sa république. Nostre
« vérité de maintenant, ce n'est pas ce qui
« est, mais ce qui se persuade à aultrui :
« comme nous appelons monnoye, non celle
« qui est loyale seulement, mais la faulse
« aussi qui a mise. »

Nous vivons en pleine fiction et cette perpétuelle convention est le signe le plus inquiétant d'une époque où le besoin de la vérité n'existe plus, où l'on peut répéter ce que disait Tacite des Romains de son temps : *Nos vera verum vocabula amisimus.*

Ainsi nous allons, dupés et volés par des rhéteurs et des charlatans ; et l'Eglise de France, silencieuse, pour ne pas dire complice, est livrée sans défense aux caprices de la république juive, franc-maçonne, athée (1).

(1) « La loi n'est plus qu'une forme officielle et
« hypocrite de la persécution et du blasphème, et sa
« violation peut être un acte de vertu. » Cette parole
de Lacordaire devrait être aujourd'hui sur toutes les
lèvres chrétiennes, car on ne peut à cette heure res-

La France s'est accoutumée au poison, mais il n'est pas dit qu'elle n'en mourra pas si la monarchie chrétienne ne lui apporte l'antidote du virus républicain (1).

L'accoutumance n'est pas une garantie de salut, c'est la mort.

X.

Mars 1896.

ter chrétien et ne pas résister ouvertement à la loi athée.

(1) Le terrain catholique est pour la France un sol fécond auquel faisait allusion un grand homme d'Etat anglais quand il formulait cette vérité profonde : « Les peuples ne peuvent vivre et prospérer que par « les principes qui les ont fait naître et grandir. »

La monarchie est pour les peuples, chez qui elle est enracinée, un instrument de culture, de liberté et de paix publique bien supérieur à ce que peut être la république. La légitimité, principe admirable et parfait, est le ciment qui a fait la France. Taine et Renan!... confessent les mêmes doctrines.

Voici encore ce qu'a écrit Renan : « La démocratie « fait notre faiblesse politique et militaire, elle fait « notre ignorance, notre sotte vanité. Longtemps en- « core les applaudissements et la faveur du public « seront pour le faux. Le temps présent est sombre « et je n'augure pas bien de l'avenir prochain. »

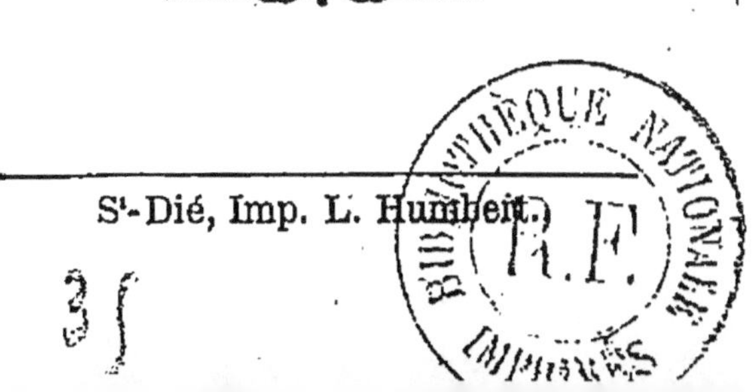

www.ingramcontent.com/pod-product-compliance
Lightning Source LLC
Chambersburg PA
CBHW051323050726
47595CB00008B/3686